La t[illegible] de los burros

por Adela Chavez
ilustrado por George Ulrich

Harcourt

Orlando Boston Dallas Chicago San Diego

Visita *The Learning Site*

www.harcourtschool.com

La burra había vagado por el desierto toda su vida, entre matorrales. Disfrutaba al sentir el cálido sol sobre su pelaje. Ella sabía dónde encontrar agua abundante para beber cuando estaba sedienta. Cuando sentía hambre, buscaba los lugares donde la vegetación del desierto era abundante y comestible.

La burra evitaba a la gente. Donde vivía no había muchas personas, pero la burra permanecía alejada de ellas. Cuando veía un molino de viento, sabía que la gente estaba cerca. Cuando ella veía surcos, sabía que estaba cerca de una granja, entonces permanecía lejos de ese lugar.

Fue entonces que un minero joven la encontró. El joven estaba buscando una mina de oro que decían se hallaba en las montañas de California. El minero vio la burra, y sus ojos brillaron. Ahí estaba la ayuda que tanto necesitaba.

Despacio, se arrastró detrás de la burra. Entonces, tiró el lazo sobre el cuello del animal y ella luchó por zafarse.

—¡Vaya, muchacha! —le dijo el minero mientras la acariciaba—. Estarás bien.

Al principio, la burra no confiaba en el joven. Después de todo, él le había robado su apreciada libertad.

El hombre acostumbraba hablarle suavemente. La acariciaba y la alimentaba. Muchas veces, le daba regalos, por ejemplo, zanahorias y verduras. Finalmente, la burra aprendió a confiar en el minero.

—Te llamaré Lucero —le dijo el hombre—. Aún eres algo salvaje, ¿o acaso no lo eres?

Juntos buscaron oro. Ellos viajaron lejos de los surcos y los molinos de viento donde la gente vivía. Y fueron a las profundidades de las montañas, donde, un día, el hombre encontró oro.

—¡Lucero, muchacha linda! —dijo el minero—. ¡Éste es el oro! ¡Lo hay aquí! ¡Yipi! —gritó el hombre mientras lanzaba su sombrero al aire.

Durante meses, él trabajó para sacar el oro de la mina. Luego, la burra lo trasladaba, carga tras carga, montaña abajo. El minero siempre fue bondadoso con el animal y le suministraba con generosidad los alimentos.

Después de casi un año, el minero halló cada vez menos oro. Un día, mientras le acariciaba la cabeza a la burra, le dijo:

—Bien, muchacha linda, para mí, va siendo tiempo de regresar a casa. Creo que ya hemos hallado todo el oro que había aquí.

El minero empacó todas sus cosas y llevó la burra a la granja más cercana. Allí la ofreció a la familia. Los granjeros se sintieron felices de tener un animal útil que los ayudara en sus labores.

El minero tomó sus paquetes del lomo de la burra.

—¡Buena suerte, Lucero! —le dijo con voz temblorosa—. Te he querido mucho. Tú has sido una buena amiga. No habría hecho nada sin ti. Ahora, es tiempo de regresar a mi ciudad. Sé buena y cuídate.

Al principio, la burra tenía miedo de los niños de la familia. No sabía qué le iban a hacer. Se había acostumbrado a vivir sólo junto al minero. Sin embargo, la burra se acostumbró a su nuevo hogar y llevó una vida feliz.

Durante muchos años, manadas de burros vivieron como Lucero vivía antes de que conociera al hombre. Ellos evitaban a la gente. Vivían solitarios y comían lo que les ofrecía el desierto.

Ésa era una vida feliz. Con el tiempo, cada manada creció al nacer nuevos burros. Las crías podían correr millas y millas a través del desierto, sólo por diversión. A los burritos les gustaba sentir el viento en sus crines.

Los burros vivían bien, pero al crecer mucho las manadas, las tierras se volvieron más pequeñas.

Con el paso del tiempo, más gente se trasladó a esa parte del desierto. Había menos y menos tierra para los burros. Las manadas comenzaron a verse cerca de las granjas y de los caminos.

Finalmente, los hombres comenzaron a venir en camiones para capturar los burros. Cuando los borricos veían llegar a los hombres, se dispersaban con miedo. Sin embargo, muchas veces los hombres atrapaban un burro y se lo llevaban en sus camiones.

Un día, una burrita oyó un camión que venía tras ella. Salvajemente, corrió mientras el camión se acercaba mucho, cada vez más.

—¡Vamos, niña! —el animal oía decir al hombre—. ¡Cálmate! Déjame atraparte.

Entonces, la burrita sintió un lazo en el cuello que la tironeaba hacia atrás.

—Eso es —dijo el hombre— y la burra giró con fuerza.

Pronto, la burra se encontró en un lugar extraño. Había cercas por todos los lados. Otros burros compartían el pequeño espacio con ella. Los burritos estaban aterrorizados.

Por encima de las cercas, una familia estaba mirando.

—Oh, mami, ¿puedo tener uno? —dijo la niña.

—No lo creo —dija su mamá—. Esos burros son salvajes. No saben nada de la gente.

—Ellos pueden ser mascotas gentiles —dijo una voz muy cercana—. Yo trabajo aquí. Esos burros son estupendos para las familias. Ellos se adiestran bien. No permanecen salvajes siempre.

—Aquél se ve muy bien —dijo el papá, señalando a la burrita.

—¿Por favor, papi? —dijo la niña. Los padres se miraron uno al otro.

—Bien, nosotros habíamos hablado acerca de un caballo, pero me gusta mucho esa burrita —comentó la mamá al enmendar lo que había dicho antes—. ¡Seguro! ¿Por qué no? —dijo la madre mientras sonreía a la niña.

—¡Muchas gracias! —gritó la niña.

La burrita pasó un tiempo duro mientras se acostumbraba a su nuevo hogar. Todo era muy extraño. Pero los alimentos eran abundantes y la familia, muy gentil.

—¿Cómo podemos llamarla? —preguntó la mamá.

—Bueno, en realidad, ella es salvaje —comentó la niña—. ¿Qué tal La Salvaje?

—¿Qué tal Lucero? —dijo el padre.

—Me gusta ese nombre —decidió la niña. Ella puso sus brazos alrededor del cuello de la burrita y le dio una zanahoria.

— Lucero, seremos amigas siempre.

Reflexionar y responder

1. ¿Dónde tiene lugar este cuento?
2. ¿Por qué los burros le tienen miedo a la gente? ¿Cómo hizo el minero para domesticar a la burra de este cuento?
3. ¿Qué detalles aprendiste sobre la vida de los burros?
4. ¿Por qué crees que la gente quería capturar los burros?
5. En este cuento, ¿cómo son las personas que tienen burros?
6. Si hubieras sido la niña del final del cuento, ¿qué nombre le habrías puesto a la burrita?

Cuatro cuadrúpedos amigos Haz una tabla con diferentes columnas, cada una identificada de la siguiente manera: caballo, yegua, burro, mula. ¿Cuáles son las diferencias entre estos cuatro tipos de animales? Escribe las respuestas en tu tabla.

Conexión entre la escuela y el hogar Comparte este cuento con los miembros de tu familia. Luego, escribe un resumen del libro contando qué les gustó y qué no.

ISBN 0-15-324068-7
90000>
9 780153 240683

Harcourt

Una gran victoria

P. J. Sheehan

Published in 2007 by The Rosen Publishing Group, Inc.
29 East 21st Street, New York, NY 10010

Book Design: Michael J. Flynn

ISBN: 1-4042-6760-3
6-pack ISBN: 1-4042-6759-X

Manufactured in the United States of America